GABRIELE GUGETZER

EINFACH Weihnachts-bäckerei

GENIAL BACKEN MIT 2–6 ZUTATEN

EMF

EIN BUCH DER
EDITION MICHAEL FISCHER

DER DUFT VON WEIHNACHTEN

Einmal im Jahr kommt eine Zeit, da wünschen sich selbst die Menschen, die sonst jede neue Mode mitmachen, dass alles so ist, wie es früher einmal war. Wenn es draußen schon früh dunkel wird und der Wind ungemütlich um alle Ecken pfeift, werden drinnen Kerzen angezündet. In der Weihnachtszeit wollen wir, dass es sich in unserer Wohnung kuschelig und gemütlich anfühlt.

Düfte gehören dazu.

Zimt, Muskatnuss, Mandelkern ... allein beim Gedanken daran wird einem warm ums Herz. Selbst die Coolsten unter uns lieben diese feinwürzigen Aromen – weil wir längst wissen, dass sie die Seele aufhellen und uns freudig stimmen. (Zimt soll darüber hinaus sogar ein Aphrodisiakum sein.) Natürlich ließe sich weihnachtliche Gemütlichkeit auch mithilfe von Duftkerzen hervorrufen. Aber ein Blech voller Kekse zu backen, parfümiert die Wohnung einfach anders: mit Liebe nämlich.

Weihnachtsplätzchen krümeln herrlich, duften verführerisch und sehen überaus dekorativ aus – sogar wenn sie nicht aussehen wie gemalt, sondern ein bisschen schief und krumm daherkommen. Gerade dann wirken sie nämlich echt und besonders. „Authentisch", sagen die Trendforscher dazu. Perfektion, die kann sich jeder kaufen.

Und sollten Sie Sorge haben, dass sich die ganze Weihnachtsbäckerei auf Ihren Hüften breit machen könnte ... dann haben wir einen Tipp für Sie: Teilen Sie Ihre Backausbeute einfach mit anderen. Selbst gebackene und verzierte Weihnachtsplätzchen sind das wohl schönste Geschenk für Menschen, die schon alles haben.

Ich wünsche Ihnen eine wunderbare, festliche und kuschelig-gemütliche Weihnachtszeit!

Gabriele Gugetzer

INHALT

GRUNDLAGEN **6**

GRUNDTEIGE **8**

Mürbeteig süß **8**

Mürbeteig mit Mandeln **10**

Rührteig einfach **12**

Rührteig mit Mandeln **14**

KLASSISCH **16**

Schachbrettkekse mit Karomuster **16**

Kokosmakronen mit Schokolade **18**

Vanillekipferl – das Original **20**

Spitzbuben mit Aprikosenkonfitüre **22**

Zimtsterne wie früher **24**

Kinderplätzchen – schön bunt **26**

Haselnussmakronen mit Vanillezucker **28**

Bärentatzen mit Schokolade **30**

FRUCHTIG **32**

Schoko-Orangen-Kekse mit Zuckerglasur **32**

Festliche Orangenhippen mit Zimtzucker **34**

Weihnachtssterne mit Konfitüre **36**

Weihnachtstörtchen Linzer Art **38**

Orangenplätzchen mit Mandeln **40**

NUSSIG-WÜRZIG **42**

Shortbreadstangen mit Milchschokolade **42**

Amaretti – echt italienisch **44**

Pekannusshappen mit Pistazien **46**

Geschmückte Weihnachtsbäumchen **48**

Walnusstaler mit Schokolade **50**

Blondies mit Weihnachtsduft **52**

Feine Anisplätzchen **54**

Ricciarelli aus Siena **56**

Amerikanische Ingwercookies **58**

Weihnachtskekse mit Zimt **60**

REGISTER **62**

ÜBER DIE AUTORIN **63**

ÜBER DIE FOTOGRAFIN **63**

GRUNDLAGEN

Einfach backen zu Weihnachten

Kaum etwas stimmt in der Adventszeit so sehr auf Weihnachten ein wie der Duft von Weihnachtsplätzchen. Es macht nicht nur Freude, nachmittags seinen Gästen Plätzchen zu servieren, während die Kerzen am Adventskranz brennen, oder die Leckereien hübsch als Geschenk zu verpacken. Auch das Backen selbst ist eine stimmungsvolle Tätigkeit, die hilft, im Vorweihnachtsstress zu entspannen – vor allem, wenn man gemeinsam in einer fröhlichen Gruppe mit Mehl, Eiern und Zucker hantiert.

Verabreden Sie sich mit Freunden und rechnen Sie die Teigmengen je nach Anzahl der Mitwirkenden hoch. Kaufen Sie auch für mehrere Sorten ein – so kann am Ende jede Bäckerin und jeder Bäcker eine schöne Auswahl verschiedener Kekse mit nach Hause nehmen.

Stellen Sie Glühwein bereit, aber auch alkoholfreie Getränke und einen herzhaften Snack oder eine Suppe: So schön es nämlich ist, von den rohen Teigen zu naschen und den süßen Plätzchenduft zu riechen, der aus dem Backofen strömt – nach einiger Zeit werden alle Appetit bekommen auf etwas Leckeres, was nicht süß ist.

Auch Kinder sind meist begeisterte Plätzchenbäckerinnen und -bäcker. Sie lieben es, Plätzchen in verschiedenen Formen und Größen auszustechen und nach Lust und Laune mit Zuckerguss, Lebensmittelfarbe, Zuckerperlen und/oder Streuseln zu verzieren.

Küchengeräte

Für die Rezepte in diesem Buch benötigen Sie keine teuren Küchengeräte. Neben einem Backblech und Backpapier sollten Sie aber fürs Weihnachtsbacken folgende Hilfsmittel besitzen:

- eine (möglichst digitale) Küchenwaage. Beim Backen kommt es stärker auf die exakten Mengen der Zutaten an als beim Kochen. Insbesondere wenn das Verhältnis zwischen trockenen und feuchten Zutaten nicht stimmt, kann es passieren, dass ein Teig misslingt.
- ein Nudelholz zum dünnen Ausrollen von Teigen, aus denen Plätzchen ausgestochen werden.
- Ausstechformen mit verschiedenen Motiven. Verwenden Sie solche mit klaren Linien ohne viele Details; damit ist das Ausstechen „kinderleicht". Die Mengen im Buch sind für mittelgroße Ausstechformen berechnet.
- einen Spritzbeutel mit verschiedenen Tüllen.
- ein elektrisches Handrührgerät mit Rühr- und Knetaufsatz.
- einen Schneebesen zum lockeren Unterrühren von Zutaten.
- Klarsichtfolie zum Einwickeln und zum dünnen Ausrollen von Teigen.

Zutaten

Was in die Plätzchen hineinkommt, steht übersichtlich in den Rezepten. Lediglich Backpulver sollten Sie immer vorrätig haben; das steht, falls es benötigt wird, oben in der Leiste. Zu den gängigen

Backzutaten finden Sie hier noch einige hilfreiche Tipps:

- Bei Eiern sollte es die Größe M sein.
- Nie alle Eier auf einmal in den Teig geben, sondern nacheinander und zwischendurch gut verschlagen, damit der Teig hinterher schön aufgeht.
- Butter schmeckt besser; einige Teige werden mit Margarine saftiger.
- Beim Mehl tut es das klassische Weizenmehl der Type 405. Ein Vollkornmehl liefert einen schwereren Teig und eignet sich daher nicht so gut.
- Vanillezucker können Sie ganz einfach selber machen – idealerweise, nachdem Sie das Vanillemark anderweitig verwendet haben: Die ausgekratzte(n) Vanilleschote(n) in ein Schraubglas geben, das Glas mit normalem Zucker auffüllen und gut durchschütteln, damit sich der Zucker verteilt.
- Zutaten, wenn nicht anders in den Rezepten angegeben, möglichst bei Zimmertemperatur verwenden.

So gelingt das Weihnachtsbacken

Viele Teige müssen ruhen, bevor sie weiterverarbeitet werden können. Planen Sie diese Zeit ein. Der Vorteil: Das Backen lässt sich gut vorbereiten.

Backen Sie mit Ober- und Unterhitze auf der mittleren Schiene, wenn nicht anders angegeben. Das rechtzeitige Vorheizen nicht vergessen.

Mit der Stäbchenprobe testen Sie bei luftigerem Gebäck, ob der Teig durch ist: Stechen Sie am Ende der Backzeit mit einem Holzstäbchen in den Teig. Bleibt es sauber, bleiben also keine Teigreste daran kleben, ist der Teig gar.

Lassen Sie Plätzchen einige Minuten auf dem Blech abkühlen, bevor Sie sie zum Auskühlen auf ein Kuchengitter heben.

Die Teige

In diesem Buch werden zwei Grundteige in je zwei Varianten vorgestellt, jeweils mit und ohne Mandeln:

Mürbeteig ist ein kinderleichter Plätzchenteig, eignet sich aber auch als Grundlage für Pikantes und ist ideal für Quiche und Pies. Nach der Zubereitung muss er im Kühlschrank ruhen – mindestens 30 Minuten, gern auch länger. In dieser Zeit wird die Butter fest, dann lässt sich der Teig besser verarbeiten.

Rührteig ist der Einsteigerteig für alle, die nicht nicht viel Erfahrung mit dem Backen haben. Beim Rührteig kann eigentlich gar nichts schiefgehen. Er ist vielseitig variierbar, kann auch in der Kastenform, in der Gugelhupfform oder in der Muffinform zubereitet werden. Backpulver oder eine Mischung aus Backpulver und Natron lässt ihn locker aufgehen.

Keksteige können Sie auf Vorrat zubereiten und einfrieren: entweder als Teigkugel, aus der Sie nach dem Auftauen Plätzchen formen, oder als bereits vorbereitete Plätzchen, die nur noch gebacken und verziert werden müssen. Einige Minuten im Tiefkühlfach helfen auch, wenn der Teig zu warm geworden ist und beim Ausstechen oder Rollen nicht fest genug bleibt.

1

2

3

1 Portion | **5 MIN** *Zubereitung* **30 MIN** *Ruhezeit*

MÜRBETEIG
süß

300 g *Mehl*
100 g *Zucker*
200 g *zimmerwarme Butter*

Das **Mehl**, den **Zucker** und die **Butter** in Stückchen in eine Schüssel geben. Alles mit den Knethaken des Handrührgeräts verrühren, bei Bedarf noch 1–2 Esslöffel kaltes Wasser dazugießen und alles zu einem glatten Teig kneten.

Den Teig in Frischhaltefolie wickeln und im Kühlschrank etwa 30 Minuten ruhen lassen.

Anschließend weiter verarbeiten, wie im jeweiligen Rezept beschrieben.

TIPP

Wer einen Kuchen backen möchte: Die Menge reicht für 1 Springform (ø 24 cm), 1 Pieform (ø 25 cm) oder 12 Förmchen (ø 4 cm).

1

2

3

4

5

1 *Portion* | **5 MIN** *Zubereitung* **30 MIN** *Ruhezeit*

MÜRBETEIG mit Mandeln

50 g *gemahlene Mandeln*

1 EL *Zucker*

250 g *Mehl*

100 g *zimmerwarme Butter*

1 *Eigelb*

Die **Mandeln**, den **Zucker**, das **Mehl**, die **Butter** in Stückchen und das **Eigelb** in eine Schüssel geben. Alles mit den Knethaken des Handrührgeräts verrühren und bei Bedarf mit 1–2 Esslöffeln kaltem Wasser zu einem glatten Teig kneten.

Den Teig in Frischhaltefolie wickeln und im Kühlschrank etwa 30 Minuten ruhen lassen.

Anschließend weiter verarbeiten, wie im jeweiligen Rezept beschrieben.

1 

2 

3 

4 

5 

1 *Portion* | **15 MIN** *Zubereitung* | *Backpulver*

RÜHRTEIG
einfach

250 g *zimmerwarme Butter*
150 g *Zucker*
4 *Eier*
300 g *Mehl*
50 ml *Milch*

Die **Butter** und den **Zucker** in eine Schüssel geben und mit den Quirlen des Handrührgeräts schaumig schlagen. Die **Eier** einzeln dazugeben und jeweils 1 Minute unterrühren. Die Masse nach dem letzten Ei so lange weiterschlagen, bis sie aufhellt und das Volumen zunimmt.

Das **Mehl** mit 1 Päckchen **Backpulver** mischen und unter die Eiermasse rühren. Die **Milch** dazugießen und unter den Teig rühren.

Den Teig weiterverarbeiten, wie im jeweiligen Rezept beschrieben.

VARIANTE
Diesen Grundteig können Sie nach Geschmack mit Vanillearoma oder auch mit der Schale von Bio-Orangen oder Zitronen aromatisieren.

TIPP

Der Teig eignet sich auch für Kuchen. Die Menge reicht für 1 Springform (ø 26 cm).

1 

2 

3 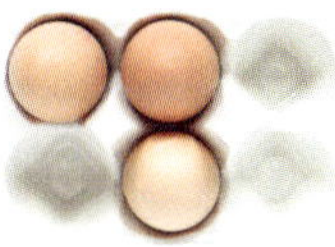

4 

5 

6 

1 *Portion* | **10 MIN** *Zubereitung* **15 MIN** *Ruhezeit* | *Backpulver*

RÜHRTEIG *mit Mandeln*

125 g *zimmerwarme Butter*

125 g *Zucker*

3 *Eier*

350 g *Mehl*

100 g *gemahlene Mandeln*

50 ml *Milch*

Die **Butter** mit dem **Zucker** in einer Schüssel mit den Quirlen des Handrührgeräts in mehreren Minuten schaumig schlagen. Die **Eier** einzeln dazugeben und jedes 1 Minute unterrühren. Die Masse nach dem letzten **Ei** so lange weiterschlagen, bis sie aufhellt.

Das **Mehl** mit den **Mandeln** und 1 Teelöffel **Backpulver** mischen und unter die Eiermasse rühren. Die **Milch** dazugießen und unter den Teig rühren. Den Teig in die Form geben und 15 Minuten kühl stellen.

Anschließend weiter verarbeiten, wie im jeweiligen Rezept beschrieben.

TIPP

Einfacher sind Spiralkekse: Je 1 dunkles und 1 helles Teigstück länglich gleich groß ausrollen, aufeinanderlegen und von der langen Seite aufrollen. In Frischhaltefolie 1 Stunde kalt stellen, in Scheiben schneiden und backen.

1

2

3

4

5

50 *Stück* | **20 MIN** *Zubereitung* **2 STD** *Ruhezeit* **12 MIN** *Backzeit*

SCHACHBRETTKEKSE
mit Karomuster

200 g *eiskalte Butter*

120 g *Zucker*

2 *Eigelb*

350 g *Mehl*

30 g *Backkakao*

Die **Butter** in eine Schüssel reiben. **Zucker**, **Eigelbe** und **Mehl** zugeben, mit den Fingern zerreiben, dann zügig zu einem Teig kneten. Die Teigmasse halbieren, unter eine Hälfte den **Kakao** kneten. Teigstücke in Frischhaltefolie wickeln, 1 Stunde kalt stellen.

Aus jedem Teigstück 9 gleich lange, fingerdicke Stränge rollen. Für die erste Reihe des ersten Quaders abwechselnd 1 dunklen, 1 hellen und 1 dunklen Teigstrang aneinanderlegen. Seitlich und oben andrücken. Darauf versetzt je 3 helle und 3 dunkle Stränge in zwei Reihen so anordnen, dass ein langer Quader mit Schachbrettmuster entsteht. Andrücken.

Die übrigen Stränge ebenso verarbeiten; mit 2 hellen und 1 dunklen beginnen. Beide Quader in Frischhaltefolie wickeln, 1 Stunde durchkühlen lassen.

Backofen auf 170 °C vorheizen, Blech mit Backpapier belegen. Quader in etwa 5 mm dicke Scheiben schneiden, diese in 12 Minuten goldgelb backen.

1 

2 

3 

4 

5 

40 *Stück* | **15 MIN** *Zubereitung* **10 MIN** *Backzeit*

KOKOSMAKRONEN
mit Schokolade

4 *Eiweiß*

200 g *Kokosraspel*

200 g *Puderzucker*

40 *Mini-Oblaten*

1 *Tafel Weihnachtsschokolade (100 g; mit Zimt, Kardamom o. Ä. gewürzt)*

Den Backofen auf 150 °C vorheizen. Zwei Backbleche mit Backpapier auslegen. Die **Eiweiße** mit dem Handrührgerät sehr steif schlagen, die **Kokosraspel** und den **Puderzucker** unterrühren.

Die **Mini-Oblaten** auf die Backbleche legen, den Teig teelöffelweise darauf verteilen. Die Makronen 10 Minuten backen, bis sie etwas fester sind.

Die **Schokolade** in Stücke brechen und im Wasserbad schmelzen. Die Makronen abkühlen lassen, dann mit einer Seite in die **Schokolade** tauchen. Auf einem Kuchengitter abtropfen lassen.

1 

2 

3 

4 

5 

30 *Stück*

20 MIN *Zubereitung*
1 STD *Ruhezeit*
15 MIN *Backzeit*

VANILLEKIPFERL
das Original

210 g *kalte Butter*
70 g *Zucker*
100 g *gemahlene Mandeln*
280 g *Mehl*
100 g *Vanillezucker*

Die **Butter** in Stückchen schneiden und mit dem **Zucker** in eine Schüssel geben. Beides mit dem Handrührgerät schaumig schlagen.

Die **Mandeln** und das **Mehl** mischen und unter die Butter-Zucker-Masse rühren. Den Teig in Frischhaltefolie wickeln und 1 Stunde kühl stellen.

Den Backofen auf 170 °C vorheizen. Ein Blech mit Backpapier auslegen. Teig zwischen Frischhaltefolie zu einer fingerdicken Rolle formen, davon 30 walnussgroße Stücke abschneiden. Diese zu Kipferln formen und mit etwas Abstand auf das Backblech legen. Im Ofen in 15 Minuten goldbraun backen.

Den **Vanillezucker** in eine flache Schale geben. Die warmen Kipferl vorsichtig darin wenden, auf einem Kuchengitter trocken und fest werden lassen.

TIPP

Hübsch sieht es aus, wenn Sie die Spitzbuben mit Puderzucker bestäuben.

1

2

3

4

5

6

25 *Stück* | **15 MIN** *Zubereitung* **1 STD** *Ruhezeit* **10 MIN** *Backzeit*

SPITZBUBEN mit Aprikosenkonfitüre

200 g *weiche Butter*
125 g *Zucker*
1 *Ei*
350 g *Mehl*
2 EL *gemahlene Mandeln*
200 ml *Aprikosenkonfitüre*

Butter und **Zucker** mit dem Handrührgerät schaumig schlagen, das **Ei** einrühren.

Das **Mehl** mit den **Mandeln** mischen und unterrühren. Mit den Händen oder dem Knethaken des Handrührgeräts zu einem glatten Teig verarbeiten, diesen in Frischhaltefolie wickeln und 1 Stunde kalt stellen.

Den Backofen auf 170 °C vorheizen. Zwei Backbleche mit Backpapier auslegen. Die Hälfte des Teigs zwischen Frischhaltefolie 3 mm dick ausrollen. Mit einem Spitzbubenausstecher große Kreise ausstechen, davon die Hälfte (als „Deckel") mit einem kleinen Sternchen in der Mitte. Alle auf die Backbleche legen, im Ofen 10 Minuten backen.

Die fertig gebackenen Kekse herausnehmen, auskühlen lassen. Die ganzen Kreise mit Aprikosenkonfitüre bestreichen, die Kreise mit der ausgestochenen Mitte darauflegen und vorsichtig andrücken.

TIPP

Im Fachhandel gibt es spezielle Backformen für Zimtsterne, in die der Teig einfach nur hineingedrückt wird.

1

2

3

4

40 *Stück* | **20 MIN** *Zubereitung*
2 STD *Ruhezeit*
15 MIN *Backzeit*

ZIMTSTERNE
wie früher

500 g *Puderzucker*

4 *Eiweiß*

500 g *gemahlene Mandeln*

1 gestrichener EL *Zimt*

Den **Puderzucker** in eine Schüssel sieben und mit dem **Zimt** mischen. Die **Eiweiße** sehr steif schlagen. Den **Zimtzucker** portionsweise unterrühren, noch 20 Minuten weiterschlagen.

Von der Mischung 4 Esslöffel abnehmen und beiseitestellen. Den Rest mit den **Mandeln** zu einem Teig kneten, diesen zwischen Frischhaltefolie etwa 1 cm dick ausrollen und im Kühlschrank oder Gefrierschrank in 2 Stunden fest werden lassen.

Den Backofen auf 180 °C vorheizen. Ein bis zwei Backbleche mit Backpapier auslegen. Die Teigplatte herausnehmen und Sterne ausstechen; zwischendurch den Ausstecher immer wieder in kaltes Wasser tauchen und von Teigresten befreien. Die Sterne auf die Backbleche legen und mit der beiseitegestellten Eiweiß-Zucker-Mischung bestreichen. Im Ofen in 15 Minuten fertig backen. Herausnehmen und auf einem Kuchengitter abkühlen lassen.

1 

2 

3 

30 *Stück*

10 MIN *Zubereitung*
1 STD *Ruhezeit*
15 MIN *Backzeit*

KINDERPLÄTZCHEN
schön bunt

1 Portion *Mürbeteig mit Mandeln (S. 10)*

50 g *Puderzucker*

Streusel und Zuckerperlen zum Verzieren

Den Backofen auf 180 °C vorheizen. Ein Backblech mit Backpapier auslegen.

Den **Mürbeteig** auf einer sauberen Arbeitsfläche 0,5 mm dick ausrollen und Plätzchen in verschiedenen Formen und Größen ausstechen. Mit 2 cm Abstand auf das Backblech legen und in 15 Minuten hellgelb backen. Auf ein Kuchengitter heben und etwas abkühlen lassen.

Den **Puderzucker** in eine Schüssel geben, mit 1 Teelöffel kaltem Wasser zu einem Guss rühren. Die Plätzchen damit bestreichen und mit **Streuseln und Zuckerperlen** nach Lust und Laune verzieren.

VARIANTE

Sie können den Zuckerguss auch mit etwas Lebensmittelfarbe einfärben.

TIPP

Geübte können die Masse in einen Spritzbeutel mit einer mittelgroßen Tülle füllen und den Teig in einem Kringel aufspritzen.

1

2

3

4

5

50 *Stück* | **10 MIN** *Zubereitung* **20 MIN** *Backzeit*

HASELNUSSMAKRONEN mit Vanillezucker

3 *Eiweiß*

150 g *feinster Zucker*

1 Pck. *Vanillezucker (wahlweise 1 TL Vanillearoma)*

250 g *gemahlene Haselnüsse*

50 *ganze Haselnusskerne*

Den Backofen auf 150 °C vorheizen. Zwei Backbleche mit Backpapier auslegen.

Die **Eiweiße** mit dem Handrührgerät sehr steif schlagen, dabei den **Zucker** und den **Vanillezucker** einrieseln lassen. Zuletzt die **gemahlenen Haselnüsse** unter die Masse ziehen.

Mit einem Teelöffel walnussgroße Teighäufchen auf die Backbleche setzen, in die Mitte jeweils einen **ganzen Haselnusskern** drücken. Die Makronen in 20 Minuten goldbraun backen.

TIPP

Wenn Sie weihnachtliche Aromen lieben, würzen Sie den Teig mit ½ Teelöffel gemahlenen Nelken.

1 

2 

50 *Stück* | **20 MIN** *Zubereitung* **10 MIN** *Backzeit*

BÄRENTATZEN
mit Schokolade

1 Portion *Rührteig einfach (S. 12)*

200 g *Zartbitterschokolade nach Belieben*

Den Backofen auf 200 °C vorheizen. Zwei Backbleche mit Backpapier auslegen. Den **Rührteig** in einen Spritzbeutel mit mittelgroßer Tülle füllen und Streifen von 4 cm Länge auf die Backbleche aufspritzen.

Die Kekse in 10 Minuten hellgelb backen, auf einem Kuchengitter etwas abkühlen lassen.

Inzwischen die **Schokolade** grob zerkleinern und im Wasserbad schmelzen. Die Enden der Kekse in die flüssige Schokolade tauchen. Auf einem Kuchengitter abtropfen und fest werden lassen.

TIPP

Rühren Sie den Guss mit Orangenlikör (z.B. Cointreau) statt mit Wasser an.

1

2

3

4

5

6

30 *Stück*

20 MIN *Zubereitung*
1 STD *Ruhezeit*
15 MIN *Backzeit*

SCHOKO-ORANGEN-KEKSE
mit Zuckerglasur

120 g *zimmerwarme Butter*

100 g *Zucker*

1 *Bio-Orange*

3 EL *Backkakao*

200 g *Mehl*

80 g *Puderzucker*

Die **Butter** mit dem **Zucker** mit dem Handrührgerät schaumig schlagen. Die **Orange** waschen und abtrocknen, die Schale in feinen Streifen abziehen und beiseitelegen. 2 Esslöffel **Orangensaft** auspressen und mit dem **Backkakao** verrühren. Mit dem Mehl unter die Butter-Zucker-Masse rühren. Den Teig in Frischhaltefolie wickeln und 1 Stunde kühl stellen.

Den Ofen auf 180 °C vorheizen. Ein Backblech mit Backpapier auslegen. Den Teig zwischen Frischhaltefolie zu einer etwa 4 cm dicken Rolle formen, in 30 etwa 3 mm dicke Stücke schneiden. Diese mit etwas Abstand auf das Backblech legen und im Ofen 15 Minuten backen.

Inzwischen den **Puderzucker** mit 2 Esslöffel Wasser zu einem zähflüssigen Guss verrühren. Die Kekse auf einem Kuchengitter damit überziehen und mit den **Orangenschalenstreifen** dekorieren.

TIPP

Wenn die Kekse zum Eindrehen zu fest geworden sind, geben Sie sie einige Sekunden in den auskühlenden Ofen; dann werden sie wieder geschmeidig.

1

2

3

4

5

6

50 *Stück* | **20 MIN** *Zubereitung* **8 STD** *Ruhezeit* **10 MIN** *Backzeit*

FESTLICHE ORANGENHIPPEN
mit Zimtzucker

100 g *Butter*

180 g *feinster Zucker*

1 *Bio-Orange*

1 *Bio-Zitrone*

80 g *Mehl*

1 TL *Zimt*

Butter in einem Topf zerlassen, auf Zimmertemperatur abkühlen lassen. 150 g **Zucker** dazugeben und mit dem Handrührgerät in 5 Minuten schaumig schlagen. Schale von **Orange** und **Zitrone** fein abreiben, Saft auspressen, alles unter den Teig rühren.

Mehl darübersieben und mit dem Handrührgerät unterrühren. Den Teig abgedeckt über Nacht kalt stellen. **Zimt** und restlichen **Zucker** vermischen.

Den Backofen auf 180 °C vorheizen. Zwei Backbleche mit Backpapier auslegen. Für jedes Röllchen 1 Teelöffel voll Teig auf ein Backblech setzen, zu einer leicht ovalen Form verstreichen; zwischen den Ovalen 5 cm Abstand lassen. 10 Minuten backen, aus dem Ofen nehmen, 1 Minute ruhen lassen.

Jeden Keks über dem Stiel eines Holzkochlöffels zu einem Röllchen eindrehen. Mit etwas **Zimtzucker** bestreuen und beiseitestellen.

1DL/DECILITER

1

2

3

4

5

6

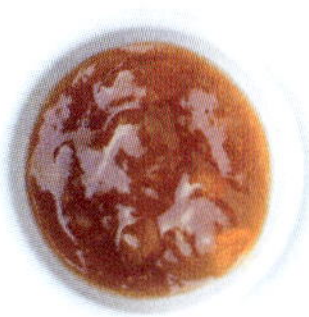

12 *Stück* | **30 MIN** *Zubereitung* **8 MIN** *Backzeit* | *Backpulver*

WEIHNACHTSSTERNE
mit Konfitüre

200 g *zimmerwarme Butter*

150 g *Zucker*

1 *Ei*

1 TL *Vanillearoma*

450 g *Mehl*

4 EL *Aprikosenkonfitüre (oder nach Belieben)*

Den Ofen auf 180 °C vorheizen. Ein Backblech mit Backpapier auslegen. **Butter** und **Zucker** mit dem Handrührgerät schaumig schlagen. **Ei** und **Vanillearoma** unterrühren. **Mehl** mit 1 Teelöffel **Backpulver** mischen, dazusieben und unterrühren.

Teig zwischen Frischhaltefolie etwa 3 mm dick ausrollen. 48 Sterne von 3–4 cm Durchmesser ausstechen, auf das Backblech legen und im Ofen in 8 Minuten goldbraun backen. Aus dem Ofen nehmen.

Die **Konfitüre** glatt rühren. Auf die Hälfte der Kekse einen Klecks in die Mitte streichen, die restlichen Kekse versetzt darauflegen und andrücken. Auf einem Kuchengitter abkühlen lassen. Nach Belieben die restliche **Konfitüre** in die Mitte der fertigen Doppelkekse streichen. Die übrigen Doppelkekse versetzt daraufsetzen und vorsichtig andrücken. Die Weihnachtssterne abkühlen lassen.

1

2

3
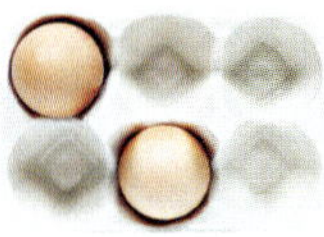

4

5

6

20 *Stück* | **20 MIN** *Zubereitung* **1 STD** *Ruhezeit* **15 MIN** *Backzeit*

WEIHNACHTSTÖRTCHEN
Linzer Art

140 g *zimmerwarme Butter*

140 g *Zucker*

2 *Eier*

210 g *Mehl*

1 Messerspitze *gemahlene Nelken*

50 g *Himbeerkonfitüre*
(wahlweise Johannisbeerkonfitüre)

Die **Butter** und den **Zucker** in einer Schüssel mit dem Handrührgerät schaumig schlagen. Die **Eier** trennen. Die **Eigelbe** unterrühren; die **Eiweiße** beiseitestellen. Das **Mehl** mit den **Nelken** mischen und unter die Eigelbmasse kneten. Den Teig in Frischhaltefolie wickeln und 1 Stunde kühl stellen.

Den Ofen auf 170 °C vorheizen. Vom Teig 20 walnussgroße Stücke abstechen. Diese zu Kugeln formen und auf ein Backblech legen. Mit einem Fingerhut ein Loch in die Mitte drücken und das Loch mit **Konfitüre** füllen. Die **Eiweiße** verschlagen und die Törtchen damit bestreichen. Die Törtchen im Ofen in 15 Minuten goldbraun backen. Herausnehmen und abkühlen lassen.

TIPP

Bestreichen Sie die Kekse mit Puderzuckerguss, drücken Sie feine Orangenzesten hinein.

1 

30 *Stück*

10 MIN *Zubereitung*
1 STD *Ruhezeit*
15 MIN *Backzeit*

2 

ORANGENPLÄTZCHEN *mit Mandeln*

3 

200 g *Butter*

120 g *Zucker*

1 *Eigelb*

abgeriebene Schale von **1** *Bio-Orange*

4 

120 g *gemahlene Mandeln*

250 g *Mehl*

FRUCHTIG

Die **Butter** und den **Zucker** in einer Schüssel mit dem Handrührgerät schaumig schlagen. Das **Eigelb** unterrühren. Die **Orangenschale** mit **Mandeln** und **Mehl** unter die **Eigelbmasse** rühren. Den Teig in Frischhaltefolie wickeln und 1 Stunde kühl stellen.

5 

Den Backofen auf 175 °C vorheizen. Ein Backblech mit Backpapier auslegen. Den Teig zwischen Frischhaltefolie etwa 3 mm dick ausrollen. Mit mittelgroßen Ausstechern weihnachtliche Motive ausstechen. Die Plätzchen mit etwas Abstand auf das Backblech legen und im Ofen in 15 Minuten goldbraun backen. Herausnehmen und abkühlen lassen.

6 

1 

2 

3 

4 

5 

6 

15 *Stück* | **15 MIN** *Zubereitung* **15 MIN** *Backzeit*

SHORTBREADSTANGEN mit Milchschokolade

125 g *Butter*

50 g *Zucker*

½ TL *Vanillezucker (wahlweise Vanillearoma)*

180 g *Mehl*

1 TL *Zimt*

100 g *Milchschokolade*

Den Backofen auf 180 °C vorheizen. Ein Backblech mit Backpapier auslegen. Die **Butter**, den **Zucker** und **Vanillezucker** mit dem Handrührgerät schaumig rühren. Das **Mehl** mit dem **Zimt** darübersieben und unterrühren. Den Teig auf dem Backblech auf einer Lage Frischhaltefolie 1 cm dick ausrollen. Die Folie entfernen, den Teig in 15 Minuten fertig backen.

Den Teig aus dem Ofen nehmen, 2 Minuten abkühlen lassen, dann mit einem Messer in fingerdicke Stangen schneiden. Auf einem Kuchengitter abkühlen lassen.

Die **Milchschokolade** grob in Stücke brechen und im heißen Wasserbad schmelzen. Die kalten Shortbreadstangen ganz oder zur Hälfte mit der flüssigen **Schokolade** überziehen.

1

30 *Stück* | **15 MIN** *Zubereitung* **15 MIN** *Backzeit*

2

AMARETTI
echt italienisch

3

3 *Eiweiß*

250 g *gemahlene Mandeln*

300 g *feinster Zucker*

1 TL *Vanillezucker*

4

30 ml *Mandellikör (z.B. Amaretto; wahlweise Apfelsaft)*

50 g *Puderzucker*

5

Den Backofen auf 170 °C vorheizen. Zwei Backbleche mit Backpapier auslegen.

Die **Eiweiße** mit dem Handrührgerät in einer Schüssel steif schlagen. Die **Mandeln** mit 250 g **Zucker** und dem **Vanillezucker** mischen und mit einem Schneebesen unter den Eischnee rühren. Zuletzt den **Mandellikör** einrühren.

6

Den **Puderzucker** und den restlichen **Zucker** in zwei separate Schüsselchen geben. Von der Eiweißmasse walnussgroße Stücke abnehmen und zu Kugeln rollen, diese erst im **Zucker**, dann im **Puderzucker** wälzen. Fertige Kugeln mit 2 cm Abstand auf die Backbleche legen. 15 Minuten backen, dann auf einem Kuchengitter abkühlen lassen.

1 

2 

3 

4 

5 

40 *Stück* | **15 MIN** *Zubereitung* **10 MIN** *Einweichzeit* **15 MIN** *Backzeit*

PEKANNUSSHAPPEN
mit Pistazien

3 EL *Rosinen*

1 Beutel *schwarzer Tee*

50 g *Pekannüsse*

50 g *Pistazienkerne*

1 Portion *Mürbeteig süß (S. 8)*

Den Backofen auf 180 °C vorheizen. Zwei Backbleche mit Backpapier auslegen.

Die **Rosinen** in eine kleine Schüssel geben. Den **schwarzen Tee** mit 50 ml heißem Wasser überbrühen und kurz ziehen lassen. Die **Rosinen** mit dem Tee angießen und 10 Minuten einweichen, bis sie die Flüssigkeit gut aufgenommen haben. Abgießen und abtropfen lassen.

Pekannüsse und **Pistazienkerne** grob zerkleinern und mit den **Rosinen** unter den **Mürbeteig** kneten.

Mit einem Esslöffel vom **Mürbeteig** walnussgroße Nocken abstechen. Mit 5 cm Abstand auf mit Backpapier ausgelegte Backbleche legen. 15 Minuten backen, bis der Teig etwas fest wird. Auf einem Kuchengitter auskühlen lassen.

TIPP

Sie können die Bäumchen auch mit weißem Zuckerguss bestreichen und mit bunten oder silbernen Streuseln dekorieren.

1 

2 

3 

4 

12 *Stück*

10 MIN *Zubereitung*
30 MIN *Ruhezeit*
15 MIN *Backzeit*

Geschmückte WEIHNACHTSBÄUMCHEN

1 Portion *Mürbeteig mit Mandeln (S. 10)*

30 g *Puderzucker*

grüne Bio-Lebensmittelfarbe

essbare silberne Zuckerperlen

Den Backofen auf 170 °C vorheizen. Ein Backblech mit Backpapier auslegen.

Den Teig zwischen Frischhaltefolie etwa 3 mm dick ausrollen. Mit einem Plätzchenausstecher Bäume ausstechen und auf das Backblech legen. 30 Minuten kalt stellen. Herausnehmen und im Ofen in 15 Minuten hellgelb backen.

Den **Puderzucker** mit 6 Tropfen Wasser zu einer nicht zu zähflüssigen Masse verarbeiten und mit 1 Tropfen **grüner Lebensmittelfarbe** einfärben. Die Kekse auf einem Kuchengitter etwas abkühlen lassen, dann mit dem **Zuckerguss** bestreichen. Die **Zuckerperlen** dekorativ daraufsetzen.

TIPP

Nach Belieben noch 1 Päckchen Vanillezucker mit der Butter schaumig schlagen.

1 

2 

3 

4 

5 

6 

30 *Stück* | **20 MIN** *Zubereitung* **1 STD** *Ruhezeit* **10 MIN** *Backzeit* | *Backpulver*

WALNUSSTALER *mit Schokolade*

100 g *zimmerwarme Butter*

100 g *Zucker*

50 ml *Milch*

200 g *Mehl*

150 g *Zartbitterschokolade (70 %)*

50 g *gehackte Walnüsse*

Butter und **Zucker** mit dem Handrührgerät schaumig schlagen. Die **Milch** unterrühren. 1 Päckchen **Backpulver** mit dem **Mehl** mischen, in drei Portionen zur Butter-Zucker-Masse sieben und unterrühren. Ein Drittel der **Schokolade** grob raspeln und mit den **Walnüssen** unter den Teig rühren. Den Teig in Frischhaltefolie wickeln und 1 Stunde kühl stellen.

Den Backofen auf 175 °C vorheizen. Ein Backblech mit Backpapier auslegen. Von dem Teig 30 haselnussgroße Kugeln abstechen, diese leicht flach drücken. Auf das Backblech legen und im Backofen 10 Minuten backen. Herausnehmen und auf einem Kuchengitter etwas abkühlen lassen.

Inzwischen die restliche **Schokolade** in einer Schüssel über einem heißen Wasserbad schmelzen. Jedes Plätzchen zur Hälfte in die **Schokolade** tauchen. Abtropfen und trocken werden lassen.

1

2

3

4

5

30 *Stück* | **10 MIN** *Zubereitung* **30 MIN** *Backzeit*

BLONDIES
mit Weihnachtsduft

1 Portion *Rührteig mit Mandeln (S. 14)*

1 TL *Zimt*

½ TL *gemahlene Nelken*

50 g *Mandelsplitter*

100 g *weiße Schokolade*

Den Backofen auf 180 °C vorheizen. Ein Backblech mit Backpapier auslegen.

Den **Rührteig** mit **Zimt** und **Nelken** vermengen und auf das Backblech geben; glatt streichen. Im Ofen in 30 Minuten goldgelb backen. Herausnehmen und den noch warmen Teig mit den **Mandelsplittern** bestreuen. Auf dem Blech etwas abkühlen lassen.

Die **weiße Schokolade** in Stücke brechen, dann im Wasserbad schmelzen. Etwas abkühlen lassen, dann als dekorative Fäden über den Teig laufen lassen. Den Teig mit einem Kuchenmesser in gleichmäßige längliche Stücke schneiden.

1 

2 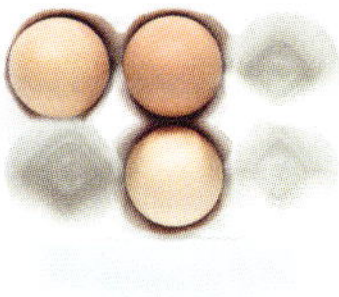

3 

4 

5 

60 *Stück*

10 MIN *Zubereitung*
8 STD *Ruhezeit*
15 MIN *Backzeit*

Feine ANISPLÄTZCHEN

1 EL *Anissamen*

3 *Eier*

200 g *feinster Zucker*

200 g *Mehl + Mehl für die Bleche*

50 g *Butter*

Den **Anis** grob hacken. Die **Eier** mit dem **Zucker** in eine Schüssel geben und über einem Wasserbad mit dem Handrührgerät schaumig schlagen. Den **Anis** unterrühren. Die Schüssel vom Wasserbad nehmen und die Masse so lange weiterschlagen, bis sie aufhellt und sehr cremig wird. Das **Mehl** portionsweise einsieben und mit einem Schneebesen unterheben.

Zwei Backbleche großzügig mit **Butter** einfetten, eine dünne Schicht **Mehl** darübersieben.

Die **Anismasse** mit einem Teelöffel in walnussgroßen Kugeln auf die Bleche setzen. Über Nacht kalt stellen.

Den Backofen auf 150 °C vorheizen. Die Plätzchen 15 Minuten backen, bis sie am Rand hellgelb sind.

TIPP

Ganz typisch wird der Look dieser Weihnachtsspezialität aus Italien, wenn Sie die flachen Bällchen vor dem Backen zu Rauten formen.

1

2

3

4

20 *Stück*

15 MIN *Zubereitung*
15 MIN *Backzeit*

Backpulver

RICCIARELLI
aus Siena

2 *Eiweiß*

1 TL *Vanillezucker*

250 g *gemahlene Mandeln*

300 g *Puderzucker*

Den Backofen auf 180 °C vorheizen. Ein Backblech mit Backpapier auslegen. In einer Schüssel die **Eiweiße** mit dem Handrührgerät steif schlagen; dabei den **Vanillezucker** einrieseln lassen.

In einer zweiten Schüssel die **Mandeln** mit 250 g **Puderzucker** und 1 gestrichenen Teelöffel **Backpulver** mischen. Die Mandelmischung portionsweise unter den **Eischnee** heben, bis ein klebriger Teig entsteht.

Den restlichen **Puderzucker** in eine flache Schüssel geben. Mit einem Melonenkugelausstecher vom Teig Bällchen abstechen, im **Puderzucker** wälzen, auf das Backblech legen und etwas flach drücken. Im vorgeheizten Ofen in 15 Minuten goldgelb backen. Herausnehmen und die Kekse auf dem Backblech trocknen lassen.

TIPP

Wenn Sie frischen Ingwer zur Hand haben, können Sie die Cookies auch damit würzen. Verwenden Sie 1 cm Ingwerwurzel; geschält und gerieben ergibt das etwa 1 Teelöffel.

1

2

3

4

5

6

20 *Stück* | **10 MIN** *Zubereitung* **2 STD** *Ruhezeit* **10 MIN** *Backzeit*

Amerikanische INGWERCOOKIES

80 g *zimmerweiche Butter*

80 g *Mehl*

30 g *Speisestärke*

30 g *Puderzucker*

½ TL *Vanillezucker (wahlweise Vanillearoma)*

1 TL *Ingwerpulver*

Die **Butter** mit dem Handrührgerät in einer Schüssel cremig rühren. In einer zweiten Schüssel **Mehl, Speisestärke, Puderzucker, Vanillezucker** und **Ingwerpulver** vermischen. Portionsweise mit der Butter verrühren, alles zu einem gleichmäßigen Teig verarbeiten. In der Rührschüssel 20 Minuten kalt stellen. In Frischhaltefolie zu einer Rolle (4 cm) formen, diese 1 Stunde 30 Minuten kühl stellen.

Den Backofen auf 190 °C vorheizen. Ein Backblech mit Backpapier auslegen. Vom Teig 5 mm dicke Scheiben abschneiden. Mit 3 cm Abstand auf das Backblech legen. In 10 Minuten hellgelb backen, auf einem Kuchengitter auskühlen lassen; dabei werden sie etwas fester.

1 

2 

3 

4 

12 *Stück* | **10 MIN** *Zubereitung* **30 MIN** *Ruhezeit* **10 MIN** *Backzeit*

WEIHNACHTSKEKSE *mit Zimt*

1 Portion *Mürbeteig mit Mandeln (siehe S. 10)*

½ TL *Zimt*

200 g *Puderzucker*

100 g *essbare silberne Zuckerperlen für die Deko*

Den **Mürbeteig** bei Zimmertemperatur mit dem **Zimt** verkneten, in Frischhaltefolie wickeln und 30 Minuten kühl stellen.

Den Ofen auf 180 °C vorheizen. Ein Backblech mit Backpapier auslegen. Den **Puderzucker** mit etwa 2 EL Wasser zu einem zähflüssigen Guss verrühren. Den Teig zwischen Frischhaltefolie etwa 3 mm dick ausrollen und mit Ausstechformen nach Wahl (z.B. Herzen, Sterne) ausstechen. Eventuelle Reste vor dem Ausstechen nochmals kühl stellen.

Die ausgestochenen Teigformen auf das Blech setzen und im Ofen in 10 Minuten goldbraun backen, bis der Teig trocken ist. Die Kekse herausnehmen, mit Zuckerguss bestreichen und mit den **Zuckerperlen** dekorieren.

REGISTER

A

Anissamen
Feine Anisplätzchen 55

Aprikosenkonfitüre
Spitzbuben mit Aprikosenkonfitüre 23
Weihnachtssterne mit Konfitüre 37

E

Eier
Feine Anisplätzchen 55
Rührteig einfach 13
Rührteig mit Mandeln 15
Spitzbuben mit Aprikosenkonfitüre 23
Weihnachtssterne mit Konfitüre 37
Weihnachtstörtchen Linzer Art 39

Eigelb
Mürbeteig mit Mandeln 11
Orangenplätzchen mit Mandeln 41
Schachbrettkekse mit Karomuster 17

Eiweiß
Amaretti – echt italienisch 45
Haselnussmakronen mit Vanillezucker 29
Kokosmakronen mit Schokolade 19
Ricciarelli aus Siena 57
Zimtsterne wie früher 25

H

Haselnüsse, gemahlen
Haselnussmakronen mit Vanillezucker 29

Haselnusskerne
Haselnussmakronen mit Vanillezucker 29

Himbeerkonfitüre
Weihnachtstörtchen Linzer Art 39

I

Ingwerpulver
Amerikanische Ingwercookies 59

K

Kakao, Back-
Schachbrettkekse mit Karomuster 17
Schoko-Orangen-Kekse mit Zuckerglasur 33

Kokosraspel
Kokosmakronen mit Schokolade 19

L

Lebensmittelfarbe
Geschmückte Weihnachtsbäumchen 49
Kinderplätzchen – schön bunt 27

M

Mandellikör
Amaretti – echt italienisch 45

Mandeln, gemahlen
Amaretti – echt italienisch 45
Mürbeteig mit Mandeln 11
Orangenplätzchen mit Mandeln 41
Ricciarelli aus Siena 57
Rührteig mit Mandeln 15
Spitzbuben mit Aprikosenkonfitüre 23
Vanillekipferl – das Original 21
Zimtsterne wie früher 25

Mandelsplitter
Blondies mit Weihnachtsduft 53

Milch
Rührteig einfach 13
Rührteig mit Mandeln 15
Walnusstaler mit Schokolade 51

Mürbeteig 9
Pekannusshappen mit Pistazien 47

Mürbeteig mit Mandeln 11
Geschmückte Weihnachtsbäumchen 49
Kinderplätzchen – schön bunt 27
Weihnachtskekse mit Zimt 61

N

Nelken, gemahlen
Blondies mit Weihnachtsduft 53
Weihnachtstörtchen Linzer Art 39

O

Oblaten, Mini-
Kokosmakronen mit Schokolade 19

Orange
Festliche Orangenhippen mit Zimtzucker 35
Orangenplätzchen mit Mandeln 41
Schoko-Orangen-Kekse mit Zuckerglasur 33

P

Pekannüsse
Pekannusshappen mit Pistazien 47

Pistazienkerne
Pekannusshappen mit Pistazien 47

Puderzucker
Amaretti – echt italienisch 45
Amerikanische Ingwercookies 59
Geschmückte Weihnachtsbäumchen 49
Kinderplätzchen – schön bunt 27
Ricciarelli aus Siena 57
Schoko-Orangen-Kekse mit Zuckerglasur 33
Weihnachtskekse mit Zimt 61
Zimtsterne wie früher 25

R

Rosinen
Pekannusshappen mit Pistazien 47

Rührteig 13
Bärentatzen mit Schokolade 31

Rührteig mit Mandeln 15
Blondies mit Weihnachtsduft 53

S

Schokolade, Milch-
Shortbreadstangen mit Milchschokolade 43

Schokolade, Weihnachts-
Kokosmakronen mit Schokolade 19

Schokolade, weiß
Blondies mit Weihnachtsduft 53

Schokolade, Zartbitter-
Bärentatzen mit Schokolade 31
Walnusstaler mit Schokolade 51

Speisestärke
Amerikanische Ingwercookies 59

Streusel
Kinderplätzchen – schön bunt 27

T

Tee, schwarzer
Pekannusshappen mit Pistazien 47

V

Vanillearoma
Weihnachtssterne mit Konfitüre 37

Vanillezucker
Amaretti – echt italienisch 45
Amerikanische Ingwercookies 59
Haselnussmakronen mit Vanillezucker 29
Ricciarelli aus Siena 57
Shortbreadstangen mit Milchschokolade 43
Vanillekipferl – das Original 21

W

Walnüsse, gehackt
Walnusstaler mit Schokolade 51

Z

Zimt
Blondies mit Weihnachtsduft 53
Festliche Orangenhippen mit Zimtzucker 35
Shortbreadstangen mit Milchschokolade 43
Zimtsterne wie früher 25

Zitrone
Festliche Orangenhippen mit Zimtzucker 35

Zuckerperlen
Geschmückte Weihnachtsbäumchen 49
Kinderplätzchen – schön bunt 27
Weihnachtskekse mit Zimt 61

ÜBER DIE AUTORIN

Wo lernt man backen? In der Küche bei Mutter und Oma? Oder in Melbourne, San Francisco, Buenos Aires? Diese und viele andere Ziele hat Gabriele Gugetzer als Reisejournalistin bereist. Aber wie es zart krümelt und verführerisch duftet, lernte sie auch in Niederbayern und in Norddeutschland. Mit ihren Backbüchern gelingen Vanillekipferl & Co. selbst Anfängern spielend.

FOODFOTOGRAFIE

Foodie, Frühaufsteher und Fotografin aus Leidenschaft – diese Begriffe beschreiben Sabrina Sue Daniels wohl am besten. Nach ihrem Archäologiestudium fand sie über Umwege zur Fotografie und absolvierte erfolgreich eine Ausbildung. In ihrem Foodblog www.sabrinasue.de, den sie seit 2013 betreibt, verführt sie ihre Leser mit üppig inszenierten Fotos, leuchtenden Farben und kreativen Rezepten regelmäßig zum gesunden Schlemmen.

Zwölf der schönen Rezeptbilder stammen von Claudia Timmann in Zusammenarbeit mit Susen Savignano (Foodstyling).

Weitere Bildnachweise siehe Seite 64.

IMPRESSUM

Bibliografische Information der Deutschen Bibliothek.

Die Deutsche Bibliothek verzeichnet diese Publikation in der deutschen Nationalbibliografie.

Detaillierte bibliografische Daten sind im Internet über http://www.dnb.de/ abrufbar.

EIN BUCH DER EDITION MICHAEL FISCHER

5. Auflage 2021

Covergestaltung: Michaela Zander, Yvonne Witzan

Layout: Silvia Keller, Yvonne Witzan

Satz: Lisa Heine

Redaktion und Lektorat: Christiane Manz

Produktmanagement: Marline Ernzer

Rezeptfotos:
Sabrina Sue Daniels, Frankfurt/Main: S. 16, 18, 22, 26, 28, 30, 34, 42, 44, 46, 48, 52, 54, 56, 58;
Claudia Timmann, Hamburg, mit Foodstyling von Susen Savignano: S. 8, 10, 12, 14, 20, 24, 32, 36, 38, 40, 50, 60.

Zutatenfotos: Claudia Timmann, Hamburg; Guido Schmelich, Holzkirchen; Sabrina Sue Daniels, Frankfurt/Main

ISBN 978-3-96093-767-2

Gedruckt bei Polygraf Print, Čapajevova 44, 08001 Prešov, Slowakei

www.emf-verlag.de